L'Être humain

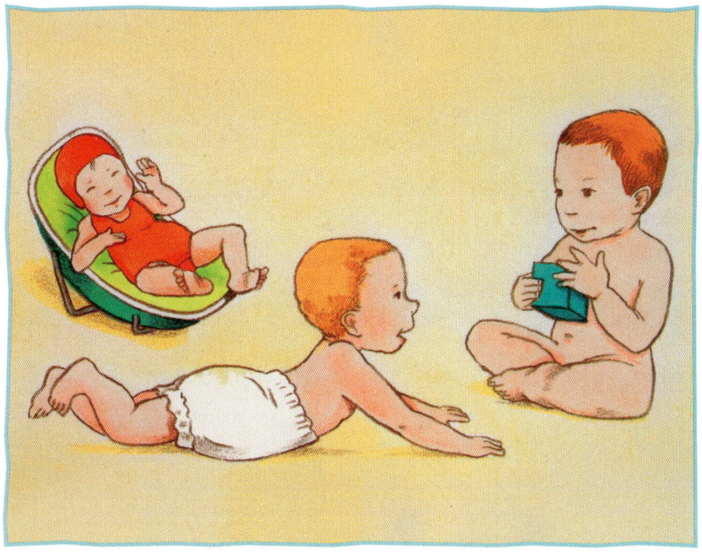

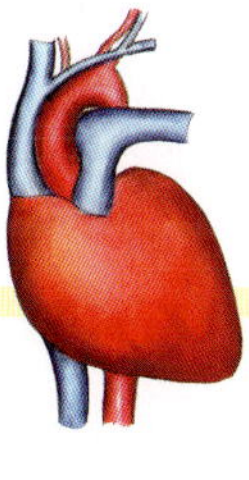

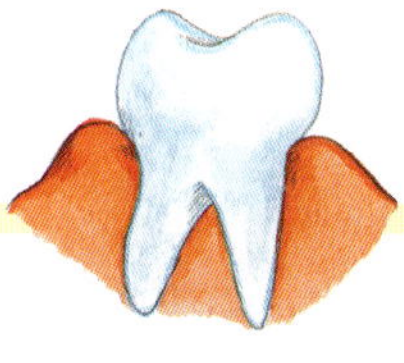

Semblables mais différents

Chaque être humain est unique. Il se distingue par la couleur de ses yeux, de ses cheveux et de sa peau. Chaque individu a un visage bien à lui. De même, tous les êtres humains se différencient par leur caractère et leur tempérament. Chacun a sa façon de parler, de rire et de penser. On dit que tous les hommes sont semblables ? C'est vrai : tous éprouvent les mêmes sentiments, comme la joie ou la souffrance. Et tous possèdent les mêmes droits : les droits de l'homme.

▲ Tous les hommes appartiennent à une communauté. Ils sont membres d'une famille, par exemple.

▼ Dans certaines familles, plusieurs générations – grands-parents, parents et petits-enfants – vivent sous le même toit. L'âge d'une personne peut se deviner à la couleur de ses cheveux : les personnes âgées ont souvent les cheveux blancs ou grisonnants. De plus, la peau se ride en vieillissant. Cela se voit sur le visage ou sur les mains.

Empreintes digitales uniques

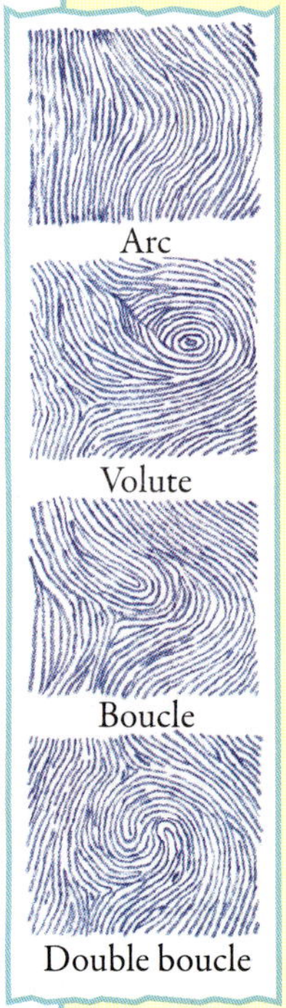

Chaque individu possède ses propres empreintes digitales, même s'il existe quelques grands motifs comme les arcs ou les boucles. L'empreinte génétique – qu'on peut connaître en analysant l'ADN de la personne – est elle aussi unique.

▼ En Afrique, la plupart des gens ont la peau foncée et les cheveux frisés. Les Européens et les Asiatiques ont la peau claire, mais la forme de leurs yeux diffère.

L'évolution de l'homme

Toutes les espèces animales se sont développées peu à peu à partir d'ancêtres moins évolués. Ainsi, les premiers poissons sont apparus dans l'eau il y a environ 500 millions d'années. Les reptiles et les amphibiens en descendent ; les mammifères ont suivi. Ces animaux ont migré vers la terre ferme. L'homme a également sa place dans cette histoire des espèces : il a un ancêtre commun avec les anthropoïdes actuels.

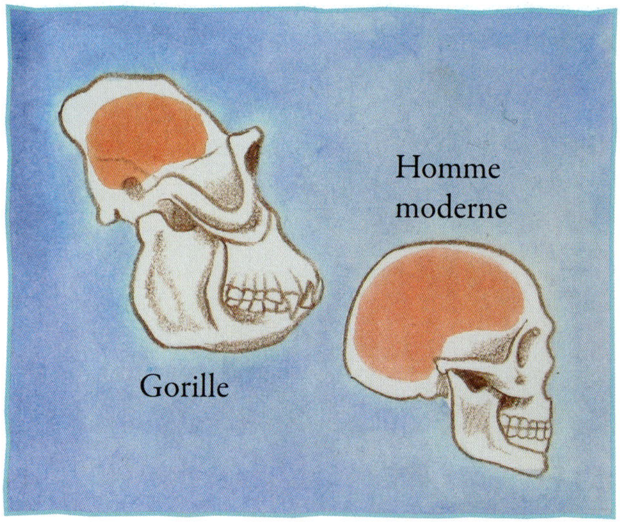

▲ Le cerveau de l'homme est beaucoup plus gros que celui du gorille et des premiers hommes préhistoriques.

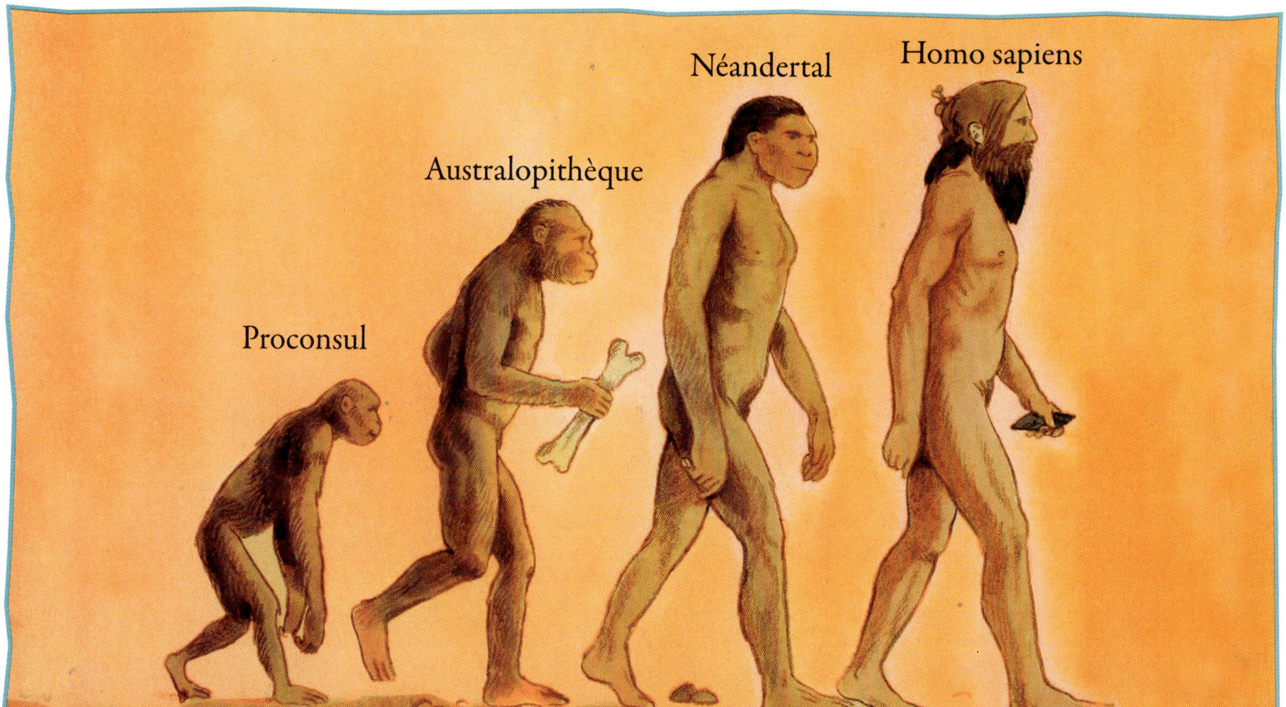

▲ C'est ainsi que les chercheurs s'expliquent l'évolution. Les hommes préhistoriques, capables de se tenir debout, puis l'homme actuel, se seraient développés à partir de l'anthropoïde Proconsul.

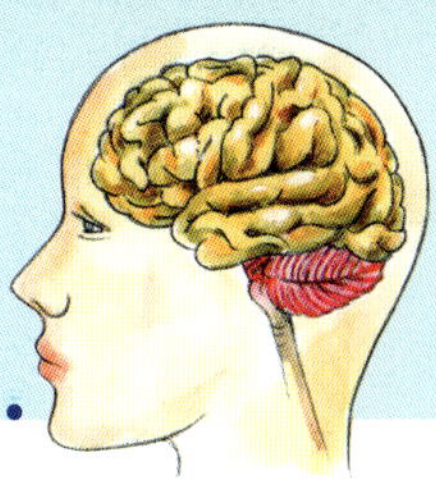

▼ Le cerveau a des capacités illimitées : on peut apprendre des millions de choses.

▲ Jouer d'un instrument est un bon exercice pour le cerveau : on apprend et on s'en souvient.

▲ Chacun éprouve des sentiments et les montre, parfois inconsciemment. Le sourire, signe de joie, est inné, de même que les larmes pour exprimer la douleur, par exemple. Pas besoin d'apprendre !

Les hommes et les femmes

Comme la plupart des animaux, les êtres humains se répartissent en deux sexes : masculin et féminin. Hommes et femmes se distinguent surtout par leurs organes sexuels, qui servent à la reproduction – à faire des enfants. Un homme et une femme peuvent être attirés l'un par l'autre. Ils tombent amoureux et veulent fonder une famille. Quand ils font l'amour, la femme peut tomber enceinte : un bébé se développe dans son ventre.

▲ L'amour est un sentiment puissant. Ceux qui s'aiment trouvent les caresses et les baisers excitants.

▼ Les garçons ont un pénis. Dès la puberté, leurs testicules fabriquent des spermatozoïdes. Pendant un rapport sexuel, l'homme introduit son pénis en érection dans le vagin de la femme.

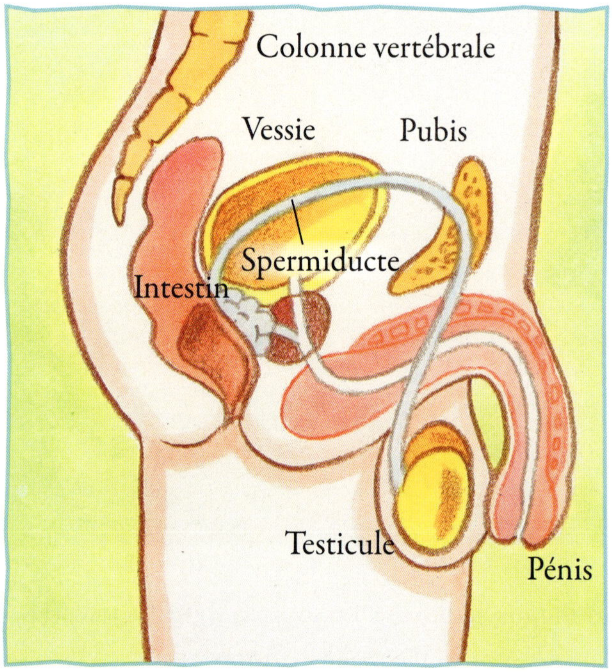

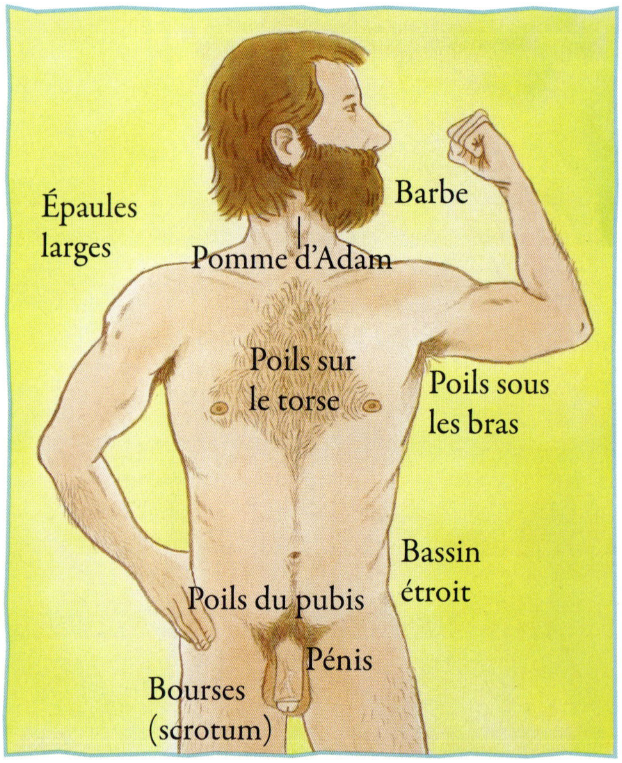

▲ Les hommes possèdent certains caractères sexuels et ont la voix plus grave que les femmes.

▲ Quand on se sent attiré par une personne du même sexe, on parle d'homosexualité.

▼ Les amoureux aiment faire l'amour ensemble. On dit qu'ils ont des relations sexuelles.

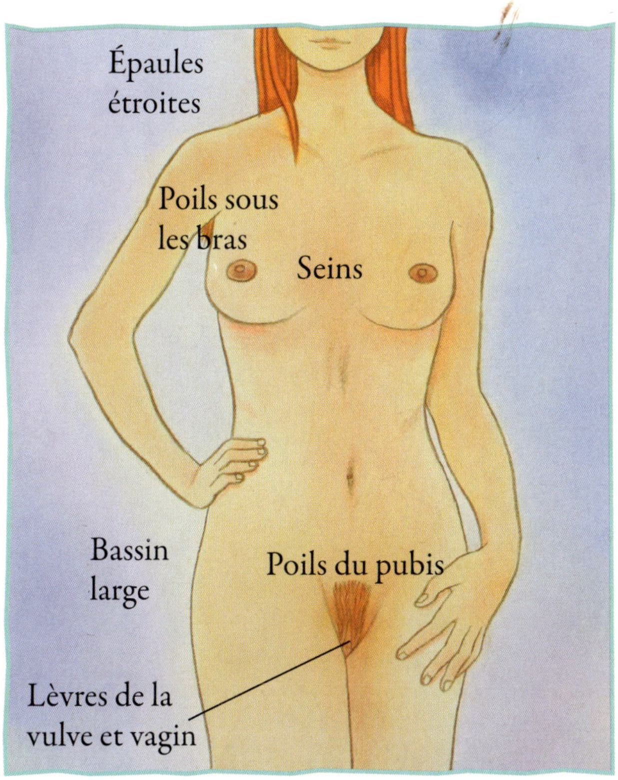

▲ Les femmes ont aussi des caractères sexuels extérieurs. Elles sont souvent plus petites que les hommes.

▼ La plupart des organes sexuels féminins sont cachés à l'intérieur. Les lèvres masquent l'entrée du vagin. Les ovules se forment dans les ovaires, avant de migrer vers l'utérus.

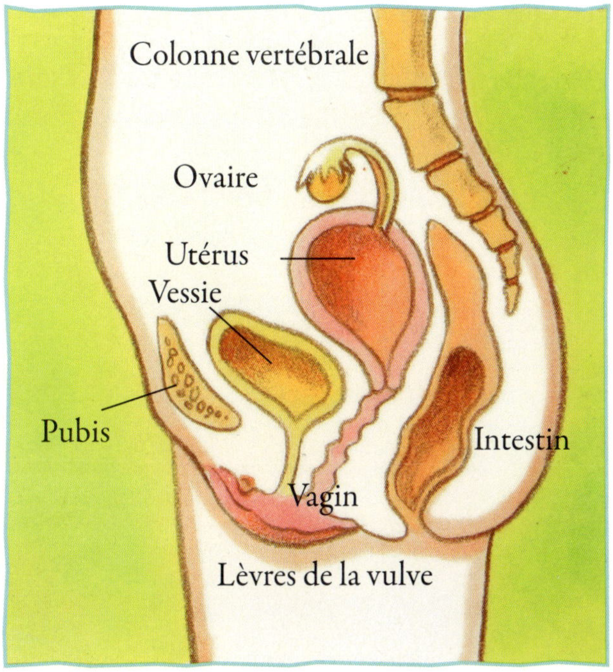

Les enfants

Lors de la fécondation, un spermatozoïde de l'homme fusionne avec un ovule de la femme : ainsi commence la vie du bébé. L'ovule fécondé se divise puis s'implante dans l'utérus. C'est le début de la grossesse. Elle va durer neuf mois. Au bout du quatrième mois, le bébé pèse environ 130 grammes. Il possède déjà tous ses organes et il a des ongles. Il continue à grandir. À la naissance, son poids est en moyenne de 3,2 kilogrammes.

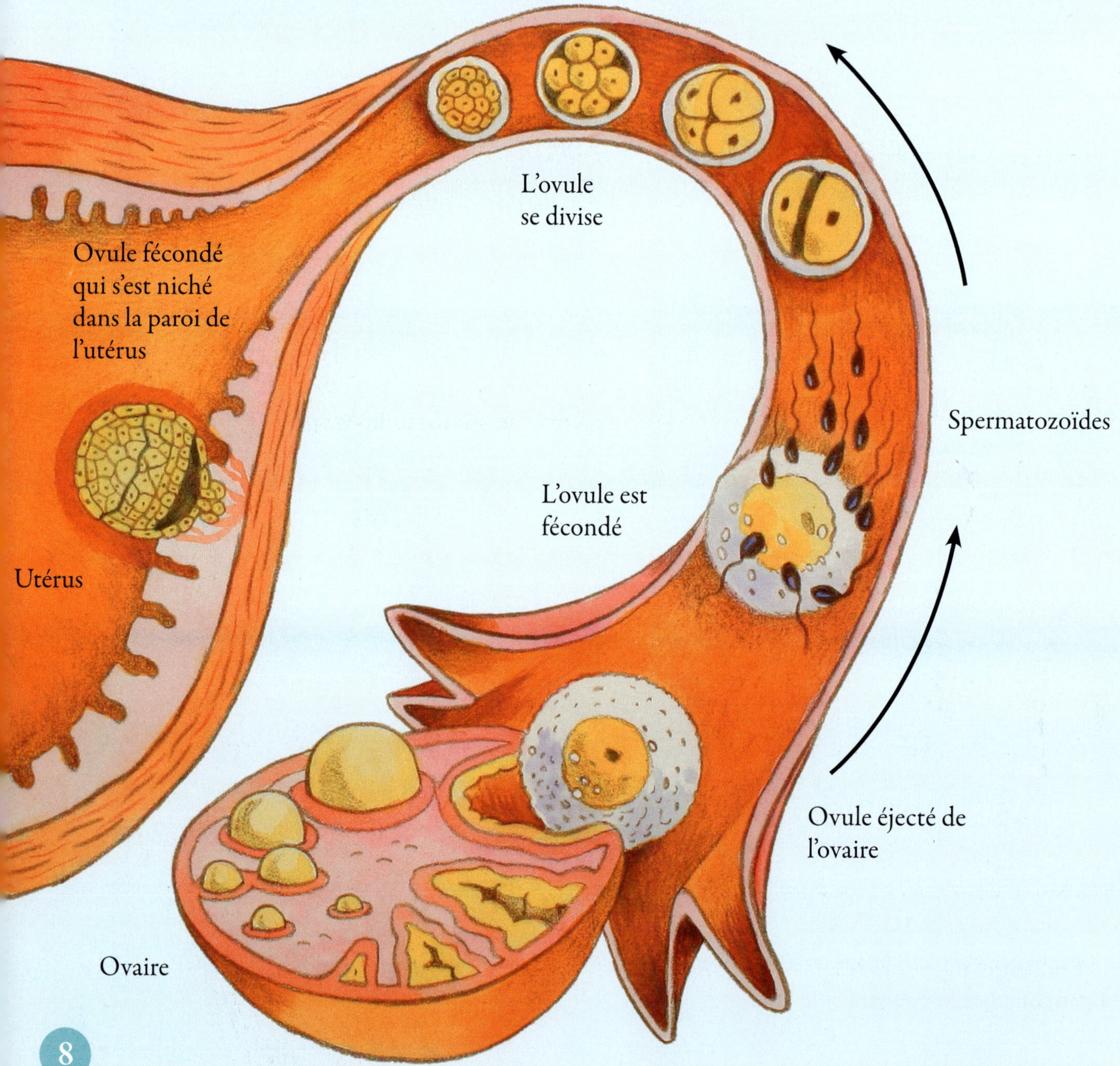

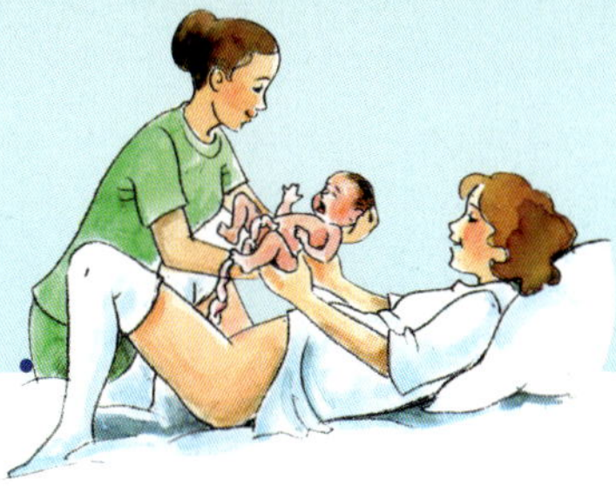

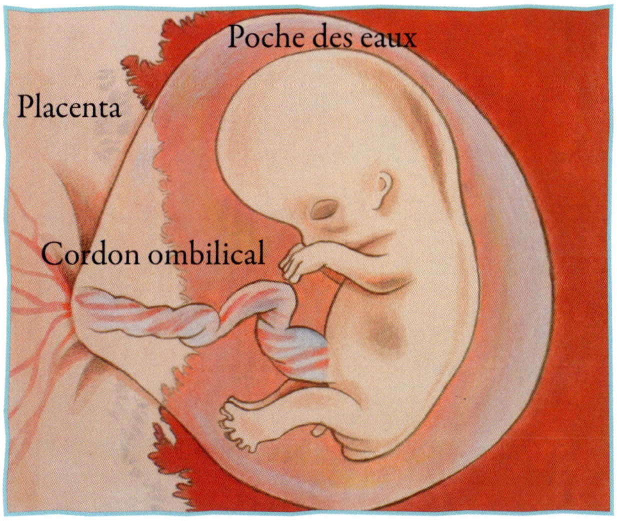

▲ Dans l'utérus, le bébé reçoit tous les nutriments dont il a besoin par le cordon ombilical.

▼ Au bout de douze semaines, le bébé mesure environ sept centimètres et pèse 28 grammes.

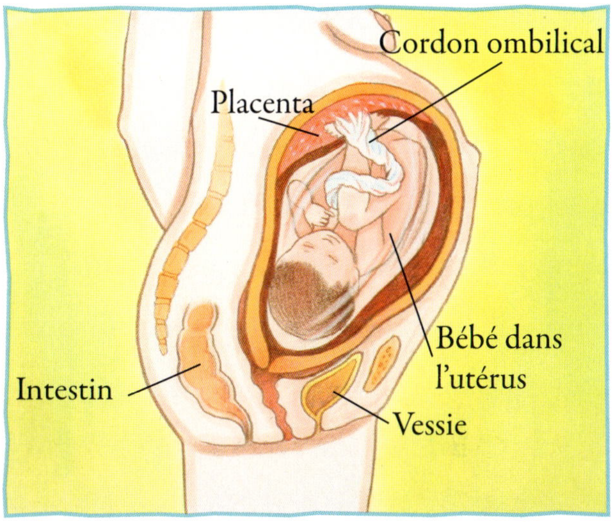

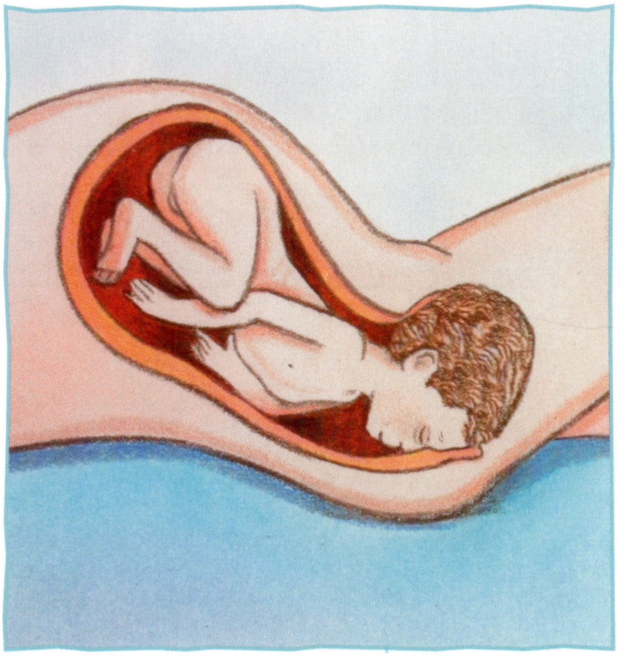

▲ Juste avant la naissance, la mère ressent des contractions douloureuses. Le col de l'utérus s'ouvre de plus en plus. Puis le bébé est poussé vers l'extérieur de l'utérus.

▼ Après la naissance, il doit respirer pour la première fois. Tout est encore inconnu, inhabituel, c'est pour cela que la plupart des nouveau-nés pleurent. Puis on coupe le cordon ombilical.

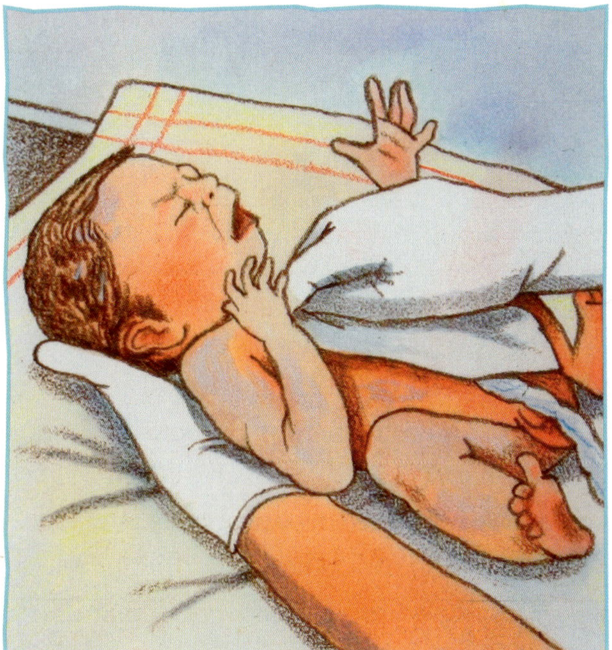

De l’enfant à l’adulte

Il s’écoule environ 15 ans avant qu’un enfant puisse vivre de manière autonome et se reproduire. À un an, la plupart des enfants marchent déjà, ne serait-ce qu’en donnant la main. Et ils prononcent quelques mots simples. Vers trois ans et demi ou quatre ans, leurs paroles sont compréhensibles, et ils peuvent tenir une conversation. La puberté commence vers 11 ans chez les filles, vers 13 ans chez les garçons.

▼ Le bébé commence à sourire vers l’âge de deux mois. À trois mois, il est capable de prendre appui sur ses avant-bras et de soulever la tête. Vers dix mois, il sait s’asseoir tout seul.

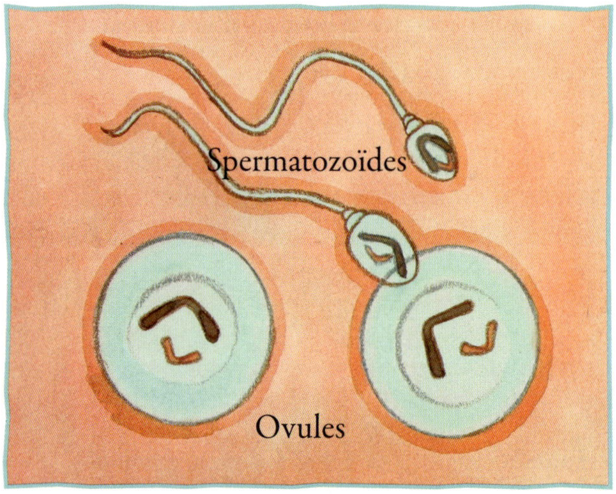

▲ Le spermatozoïde renferme le patrimoine génétique de l’homme, l’ovule celui de la femme. Lors de la fécondation, le patrimoine de la mère fusionne avec celui du père. Les cellules de l’enfant héritent ainsi des caractères génétiques des parents. On parle d’hérédité. Souvent, les enfants ressemblent à leurs parents ou ont des traits de caractère communs avec eux.

Paquet de deux

Il arrive que deux bébés, des jumeaux, se développent dans le ventre de la mère. Les « vrais » jumeaux (monozygotes) sont du même sexe et se ressemblent beaucoup physiquement. Les « faux » jumeaux (dizygotes) peuvent être un garçon et une fille. Ils ne ressemblent pas plus que d’autres frères et sœurs.

▲ Le passage de l'enfance à l'adolescence se nomme puberté. Garçons et filles peuvent désormais concevoir des enfants, ils sont pubères. Leur corps subit de nombreuses transformations.

▲ À la puberté, les garçons ont leur première éjaculation, les filles leurs premières règles. Ils ne sont pas contents de leur apparence physique, et ils ont parfois beaucoup de boutons.

▼ La puberté n'est pas une période facile : on a de brusques sautes d'humeur. On se sent parfois incompris. Les disputes ne sont pas rares !

Le squelette

Comme chez les animaux, l'armature du corps humain s'appelle le squelette. Celui-ci se compose d'os et de cartilage, plus mou. Quand l'enfant grandit, le cartilage est peu à peu remplacé par de l'os, du tissu osseux. C'est un sel, le phosphate de calcium, qui lui donne sa consistance dure. Les os protègent et soutiennent notre corps. Les plus gros renferment en leur centre de la moelle osseuse, qui produit des cellules sanguines.

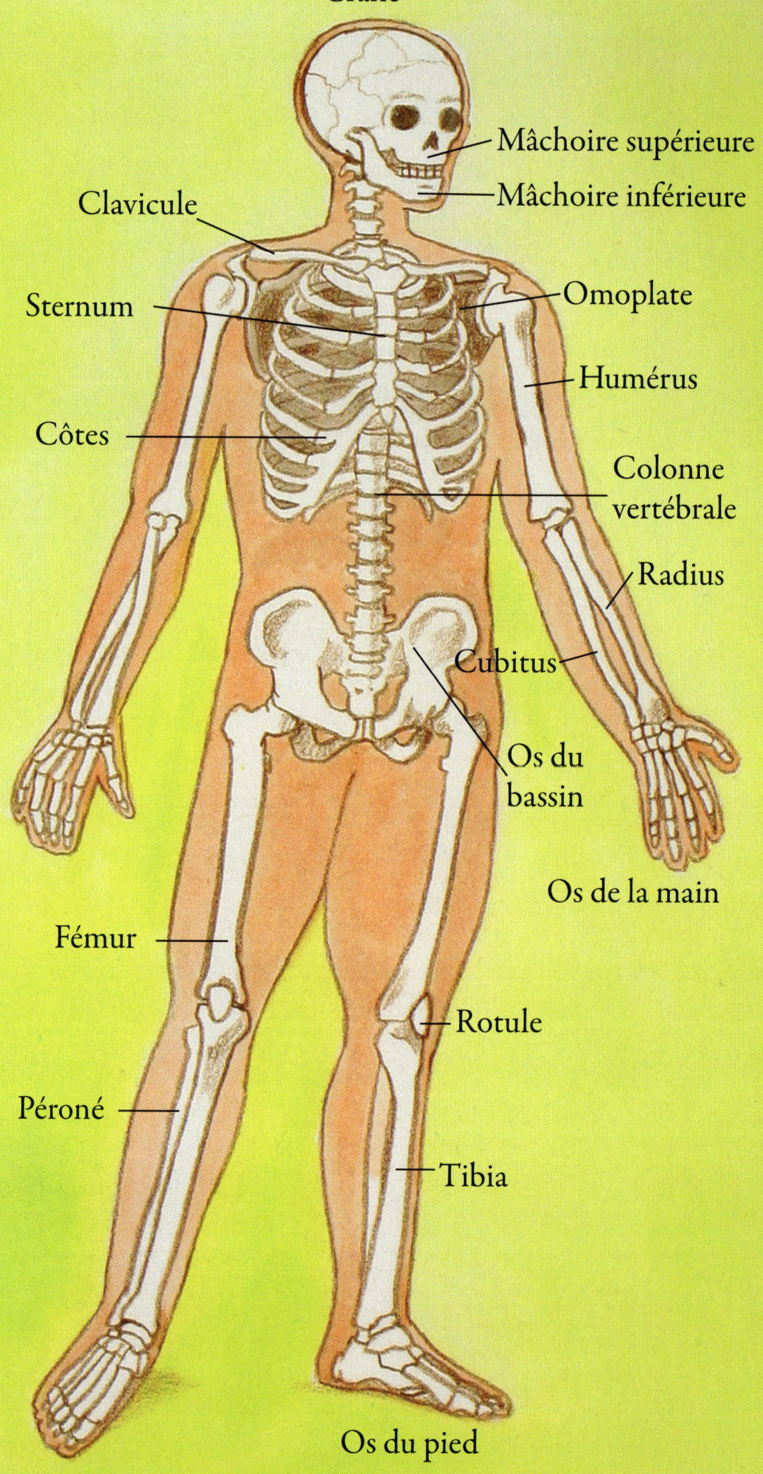

▲ Le squelette de l'homme se compose de 206 os de tailles différentes. Le plus grand est le fémur (l'os de la cuisse), le plus petit l'étrier, un des osselets de l'oreille.

La musculature

Les muscles peuvent se contracter et se relâcher. Ils assurent ainsi tous les mouvements du corps. L'homme possède environ 650 muscles, tous composés d'une multitude de fibres. Les muscles actionnent nos bras, nos jambes, nos yeux, notre langue ou encore notre intestin. Mais les muscles intestinaux, au plus profond de notre corps, travaillent de manière automatique. Le cœur est un muscle à part : il fait circuler le sang dans nos veines.

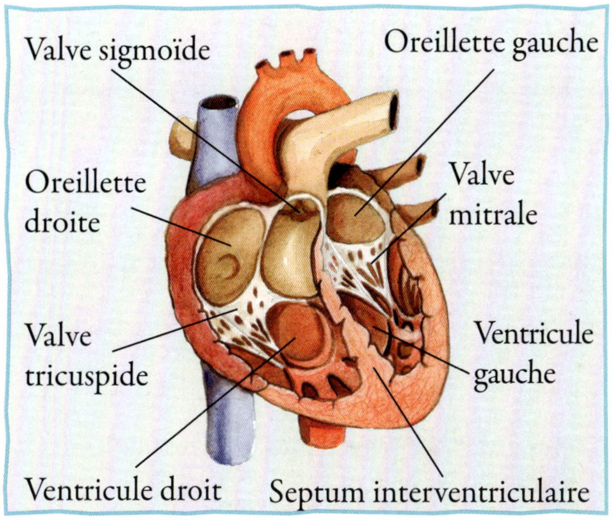

▲ Chaque moitié du cœur (droite, gauche) se compose d'un ventricule et d'une oreillette.

▼ Les mouvements du corps dépendent des muscles squelettiques, rattachés aux os.

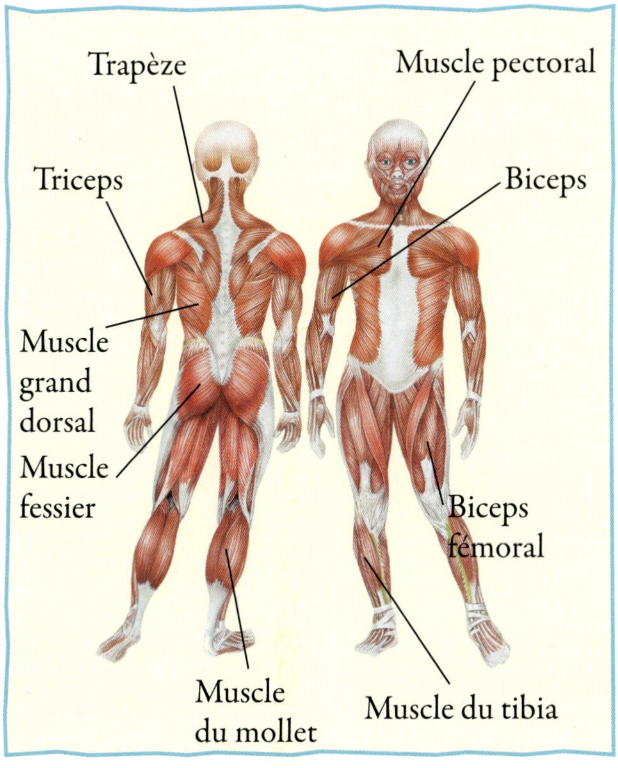

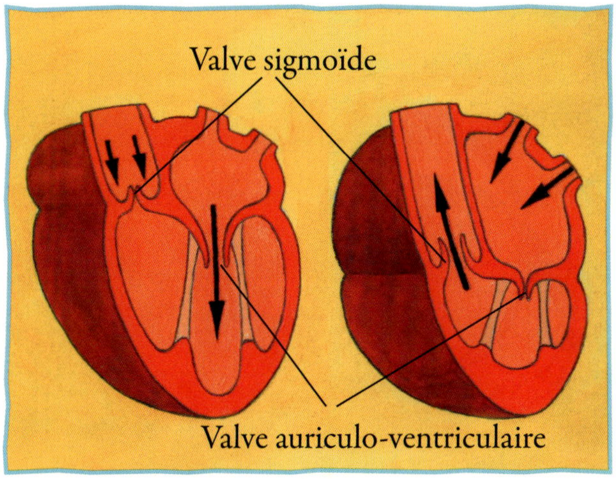

▲ Le sang qui circule dans les veines afflue dans l'oreillette droite, puis dans le ventricule droit. Le cœur se contracte et envoie le sang vers le poumon. Il se charge en oxygène et revient dans l'oreillette gauche, avant de passer dans le ventricule gauche. Puis il est expulsé dans le corps via les artères. Les quatre valves agissent comme des clapets qui empêchent le sang de refluer.

La circulation

Le corps humain renferme en moyenne cinq litres de sang. Les globules rouges et blancs et les plaquettes sanguines baignent dans un liquide appelé plasma. Le cœur fait circuler le sang, qui alimente les organes en oxygène et en substances nutritives. Les vaisseaux sanguins qui partent du cœur sont les artères, ceux qui y conduisent sont les veines. Chez l'homme, on distingue la petite et la grande circulation.

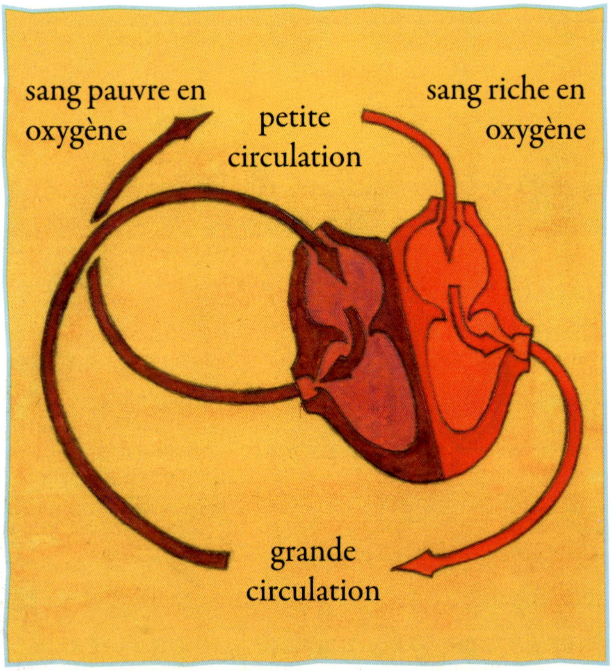

▲ Il y a deux circuits : dans la petite circulation, le cœur envoie le sang vicié vers les poumons. Le sang oxygéné revient dans le cœur, qui le réinjecte dans tout le corps.

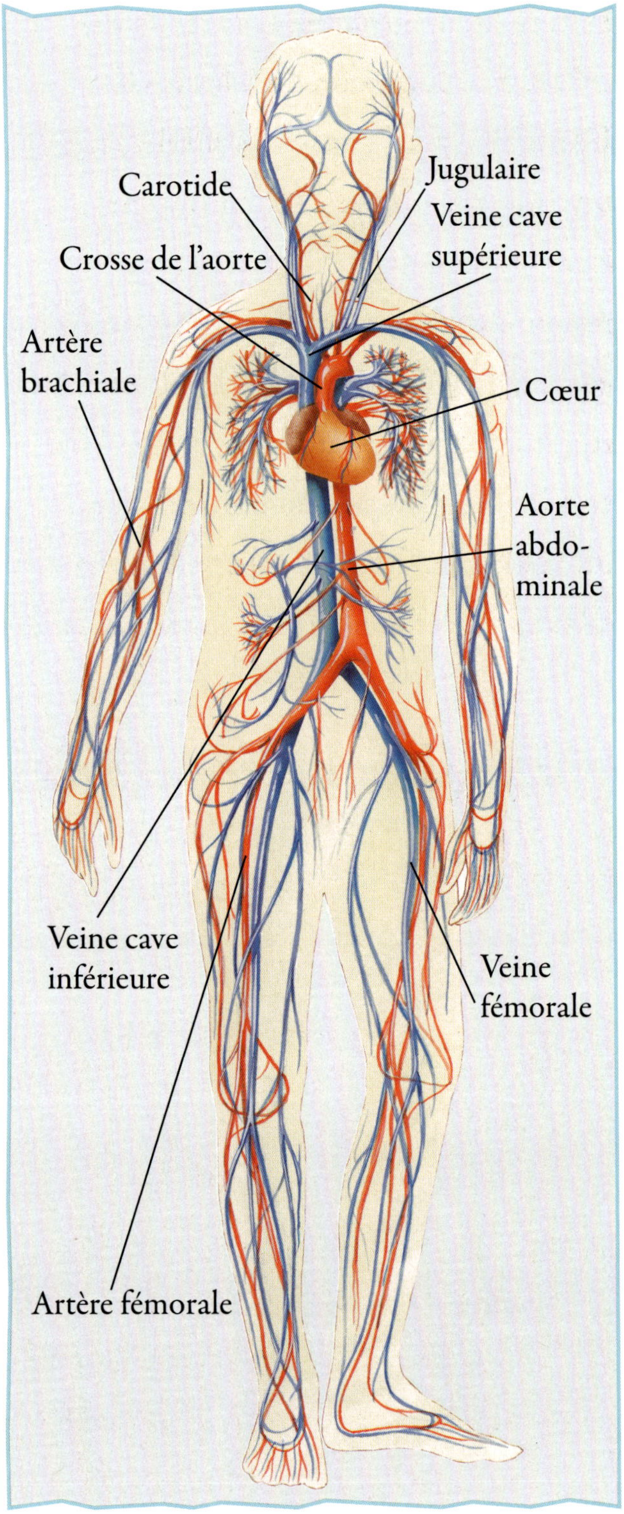

▲ Le sang oxygéné (rouge) coule dans les artères, le sang vicié (bleu) dans les veines.

Le sang

Le sang est constitué pour une bonne moitié d'un liquide jaune, le plasma. Il renferme 42 pour cent de cellules : un millimètre cube de sang contient environ cinq millions de globules rouges, plus de 5 000 globules blancs et 200 000 plaquettes. Les globules rouges transportent l'oxygène, les blancs combattent les microbes responsables des maladies. Les reins filtrent le sang et fabriquent l'urine à partir des déchets.

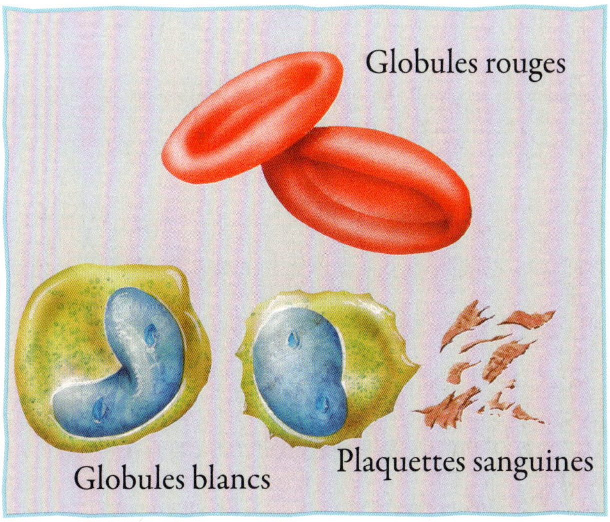

▲ Les plaquettes permettent au sang de coaguler. Tel un bouchon, elles ferment la plaie.

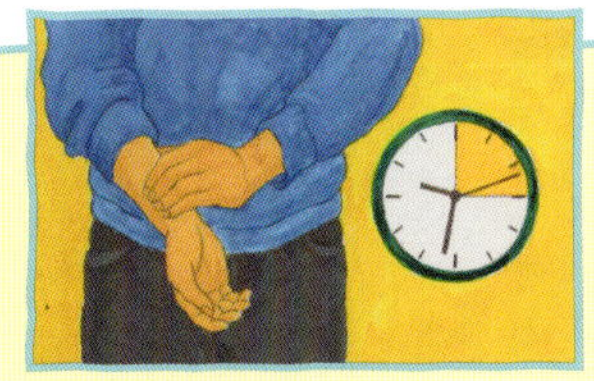

Prendre son pouls

Quand le cœur pompe le sang, les artères se dilatent. On peut sentir le pouls à plusieurs endroits du corps. Le docteur prend le pouls au niveau du poignet. Tu le percevras le mieux au niveau du cou (carotide). Le pouls d'un enfant au repos est d'environ 90 pulsations par minute.

▼ Pour faire une prise de sang, l'infirmière attache un lien en caoutchouc autour de ton bras. C'est pour éviter que le sang s'écoule trop vite. Après avoir désinfecté la peau, elle enfonce l'aiguille dans une veine. N'aie pas peur : ça pique un peu, mais ça ne fait pas vraiment mal. L'infirmière prélève un échantillon de sang, qui sera ensuite analysé au laboratoire.

La respiration

Quand nous respirons, nous échangeons des gaz. Pour vivre, il nous faut de l'oxygène, que nous inspirons en même temps que l'air. Il parvient aux globules rouges à travers les poumons ; c'est là aussi que ces globules rejettent leur dioxyde de carbone, que nous expirons. La respiration est automatique – pas besoin d'y penser. On ne peut pas retenir longtemps son souffle. On ressent vite le besoin impératif de respirer.

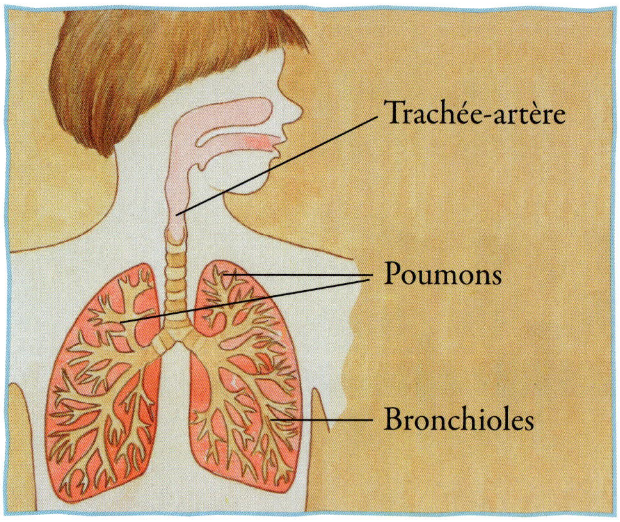

▲ La trachée-artère se divise en deux bronches, qui se ramifient en bronchioles.

Bâillement contagieux

Les chercheurs ne savent toujours pas au juste pourquoi nous bâillons. Manque d'oxygène, ennui, stress ? La fatigue joue presque toujours un rôle. En tout cas, c'est contagieux : quand l'un commence à bâiller, tous l'imitent. Tu connais sans doute ça. Et même les chiens s'y mettent !

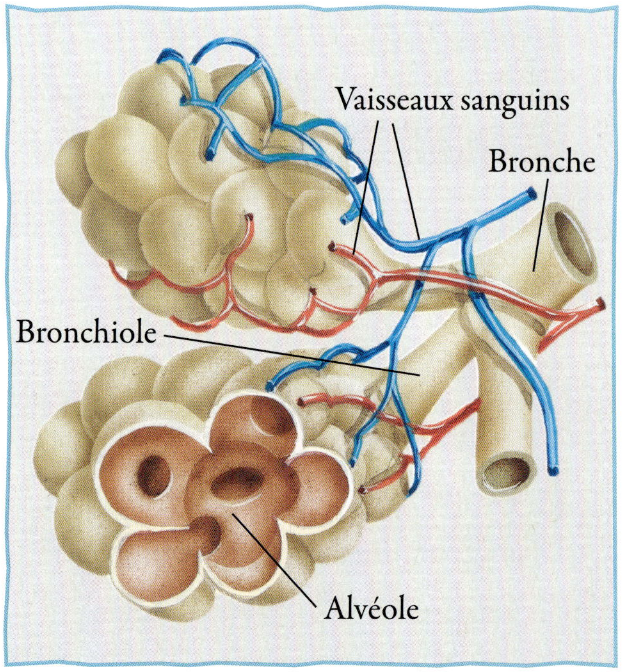

▲ L'échange gazeux se produit dans les alvéoles pulmonaires : le sang évacue le dioxyde de carbone, que nous expirons ensuite. Puis il absorbe l'oxygène contenu dans l'air inspiré.

La vue

Quand nous observons un objet, des rayons lumineux pénètrent dans notre œil. Le cristallin produit une image inversée sur la rétine, constituée de cellules sensibles à la lumière. Ces cellules transmettent les informations au cerveau via le nerf optique. C'est là que se forme l'impression visuelle – l'image de l'objet est de nouveau à l'endroit. Les yeux sont à l'intérieur de la tête, protégés par les os du crâne.

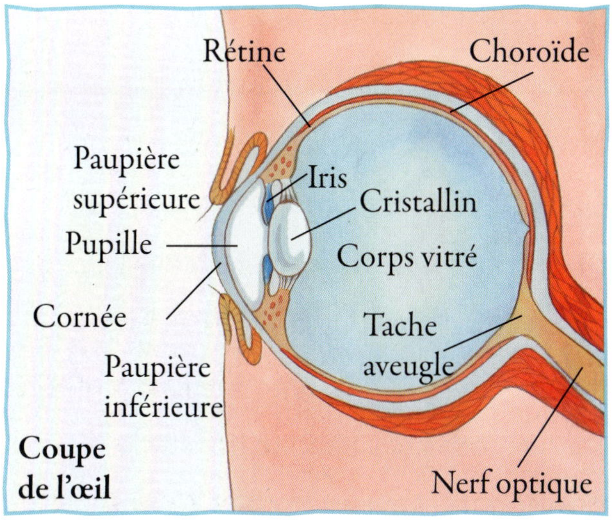

▲ L'œil est protégé par les paupières. Elles l'humidifient en répartissant le liquide lacrymal.

▼ Les myopes (à gauche) voient bien de près mais ils ont besoin de lunettes pour voir de loin. Les hypermétropes (à droite) voient bien de loin, mais il leur faut des lunettes pour lire.

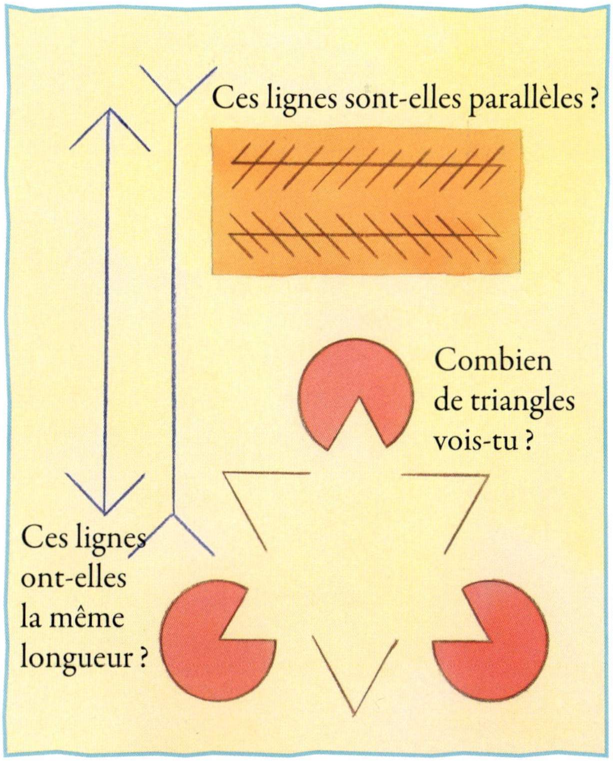

Ces lignes sont-elles parallèles ?
Combien de triangles vois-tu ?
Ces lignes ont-elles la même longueur ?

▲ Les illusions d'optique prouvent que le cerveau est le véritable centre de la vision.

L'ouïe

Les sons et les bruits sont des ondes sonores, des vibrations de l'air. Notre oreille est capable de les percevoir. Les cellules sensorielles se trouvent au niveau du limaçon, juste à côté des trois canaux semi-circulaires. C'est là que se situe notre organe de l'équilibre. Il nous indique à chaque instant la position de notre corps. Les troubles de l'oreille interne entraînent des vertiges. Avec l'âge, on entend moins bien les aigus.

▲ La hauteur d'un son se mesure en hertz (Hz). Beaucoup d'animaux perçoivent des sons plus aigus que nous.

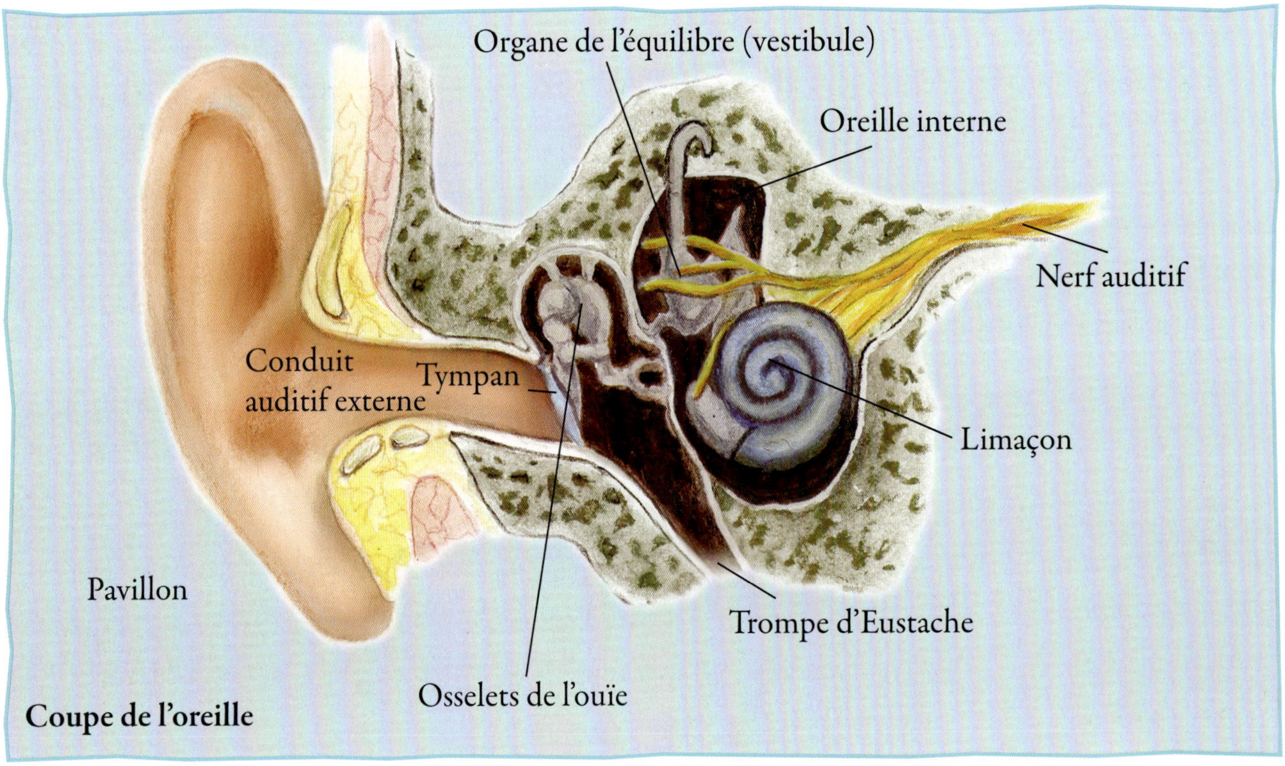

▲ Le pavillon capte les ondes sonores qui se propagent dans l'air et les conduit à travers le tympan jusqu'au limaçon. Les cellules auditives transmettent les informations au cerveau via les nerfs.

L'odorat

Nous inspirons et nous expirons par le nez. L'air inspiré est filtré, humidifié et réchauffé par cet organe. Il nous permet en même temps de capter les odeurs. Nous pouvons distinguer des milliers d'odeurs différentes. C'est dans le nez que se trouve la muqueuse olfactive. Selon les odeurs, ses cellules olfactives envoient des impulsions différentes au cerveau. Quand nous mangeons, notre sens du goût est aussi influencé par notre odorat.

▲ La muqueuse nasale enfle quand nous sommes enrhumés, ce qui nous empêche de sentir correctement. Et les repas ne sont plus aussi bons que d'habitude !

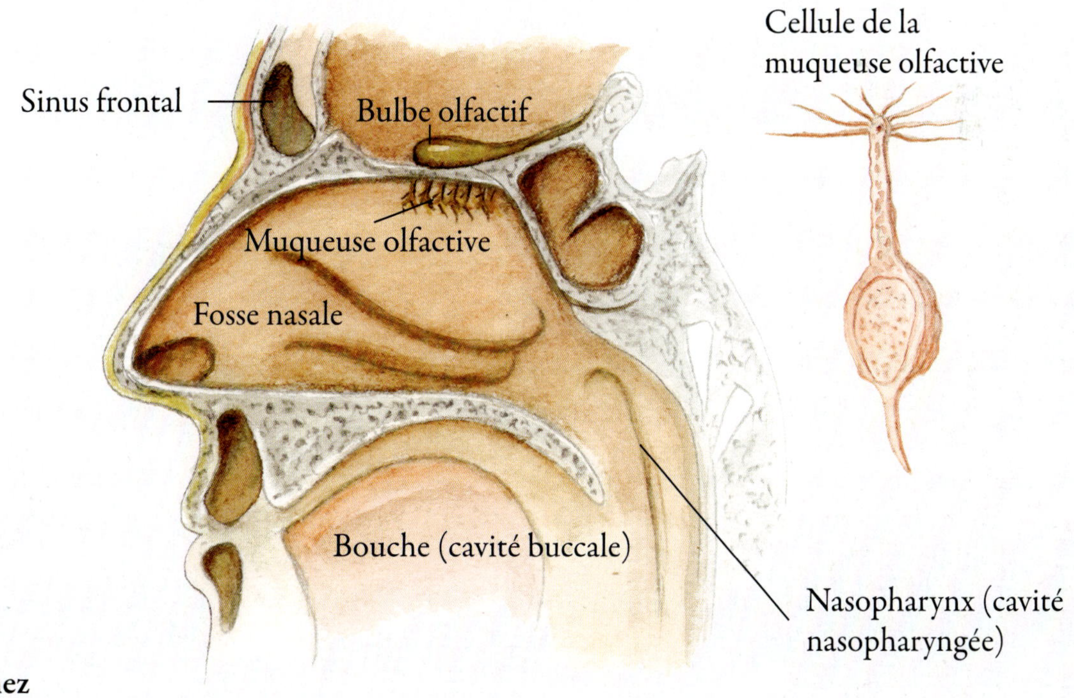

Coupe du nez

▲ Cette coupe montre à quel endroit du nez nous percevons les odeurs : au niveau de la muqueuse olfactive, de la taille d'un timbre-poste. Certains animaux, comme les chiens, ont un odorat bien plus développé que le nôtre !

Le toucher

La peau est notre plus grand organe. Elle protège le corps des microbes et du dessèchement. On distingue l'épiderme, le derme et l'hypoderme. La peau est très riche en vaisseaux sanguins, en nerfs et en organes sensoriels. Elle nous permet aussi de réguler notre température corporelle. La sueur qu'elle sécrète – un mélange d'eau et de sel – s'évapore et rafraîchit ainsi notre corps.

▼ Les racines des poils qui nous tiennent chaud et les glandes sébacées siègent aussi sous la peau.

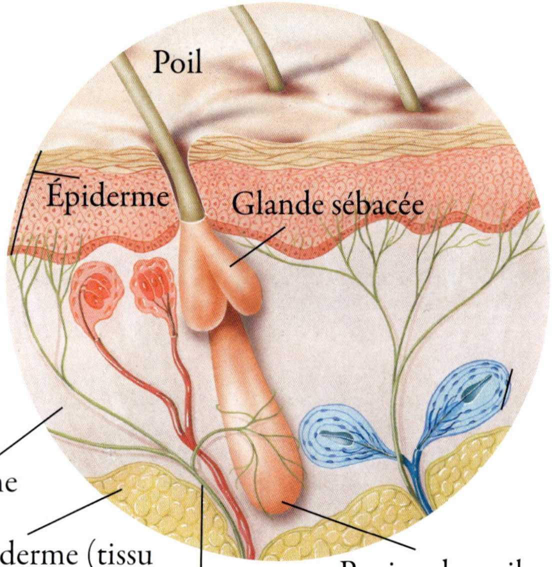

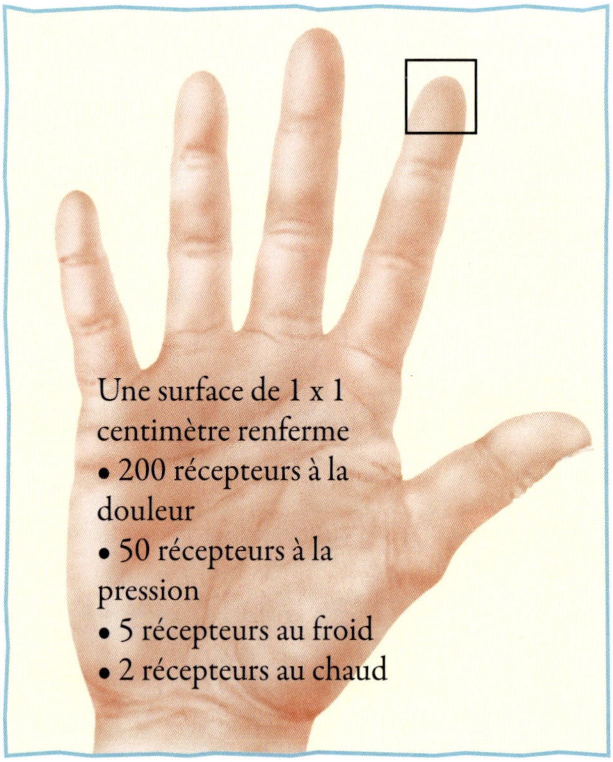

Une surface de 1 x 1 centimètre renferme
• 200 récepteurs à la douleur
• 50 récepteurs à la pression
• 5 récepteurs au froid
• 2 récepteurs au chaud

▲ La peau est dotée de minuscules récepteurs sensoriels. Ils sentent douleur, pression et température.

L'écriture braille

Le braille est composé de points saillants, que l'aveugle peut palper du bout des doigts. Ces points sont disposés par groupe de six, chaque groupe correspondant à une lettre de l'alphabet. C'est le Français Louis Braille, lui-même non-voyant, qui a inventé ce système d'écriture.

Le goût

Une expérience peut aider à comprendre ce qu'est le goût : bande les yeux d'un ami et dis-lui de se boucher le nez. Fais-lui goûter plusieurs aliments. Il ne devinera rien, il saura juste si c'est sucré, salé, acide ou amer. Le nez dégagé, il pourra distinguer plusieurs fromages. L'odorat est beaucoup plus important que le goût pour déguster la nourriture. Et on mange aussi avec les yeux !

▲ Les fruits ont souvent une odeur de sucré. Mais la banane ne sent pas comme la poire !

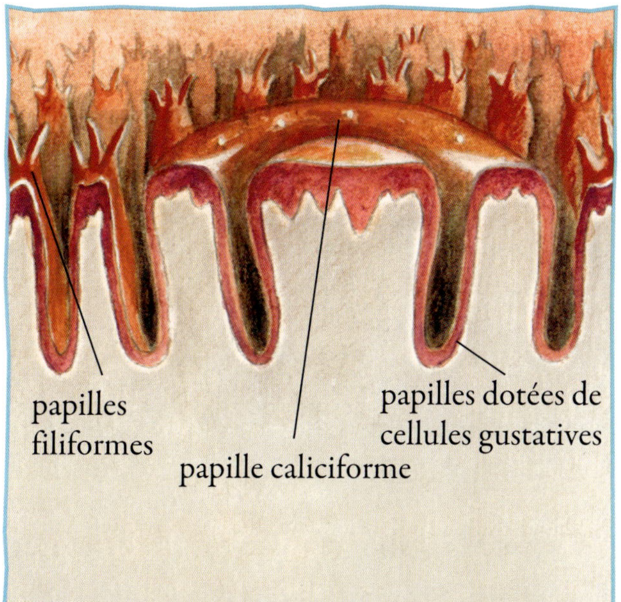

Coupe transversale de la langue

▲ Notre langue est couverte de petites excroissances, les papilles. Certaines possèdent des bourgeons gustatifs, d'autres transmettent des informations sur la consistance et la température des aliments.

▼ Les cellules ou bourgeons gustatifs sensibles au sucré, au salé, à l'amer et à l'acide occupent des régions précises de la langue. Seule la perception d'une cinquième saveur, dite « umami » (mot japonais), celle du bouillon de viande par exemple, ne se limite pas à une région donnée.

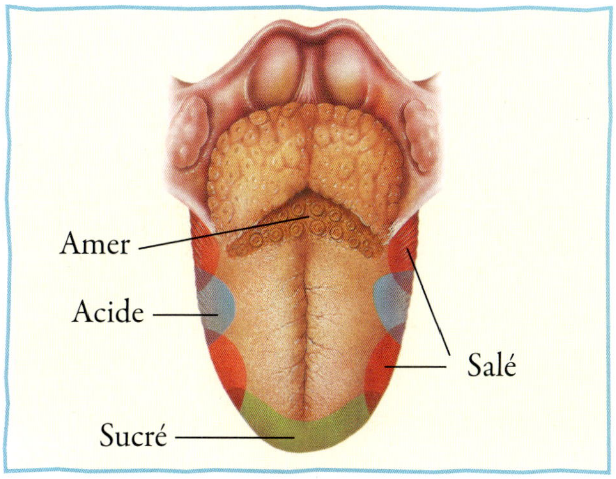

La parole

Le langage est le propre de l'homme. Les animaux émettent des sons et parfois un chant, mais pas de paroles. Parler, c'est compliqué. On expire quand on parle. Les cordes vocales situées dans notre larynx produisent les sons de la voix, tantôt graves, tantôt aigus. Nous transformons ces sons avec notre bouche, notre nez et nos lèvres, pour produire différents phonèmes. Mais ce que nous disons, nos propres paroles viennent de notre cerveau.

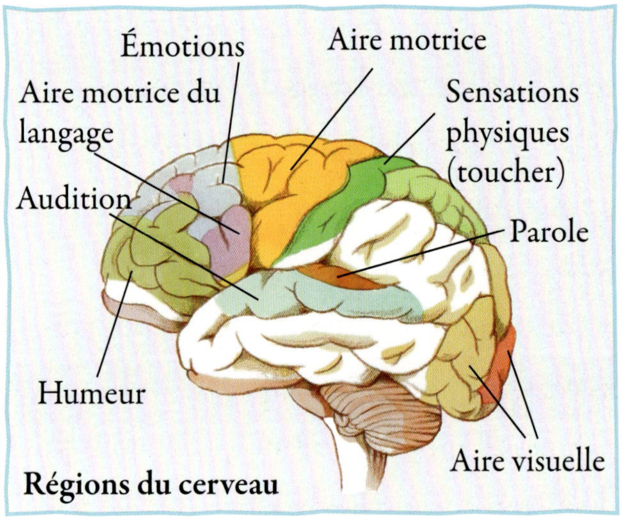

Régions du cerveau

▲ Certaines zones de l'écorce cérébrale, les aires, ont des fonctions particulières.

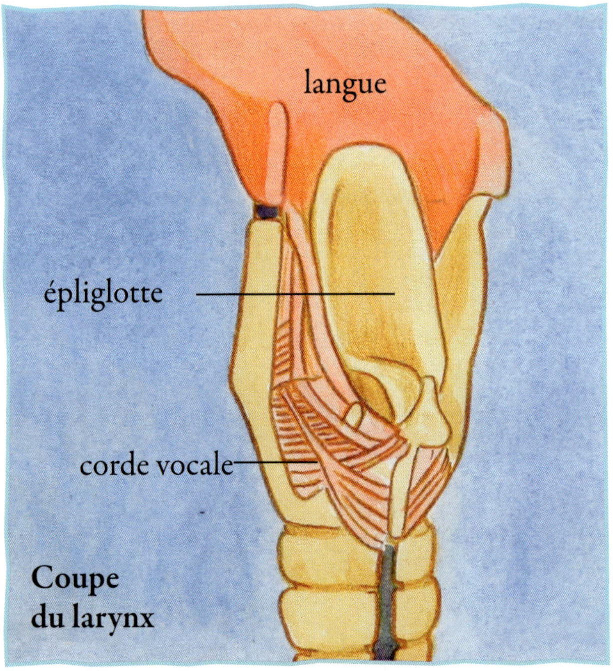

Coupe du larynx

▲ Notre voix se forme quand l'air venu de notre larynx vient frapper les cordes vocales, tendues différemment, et les fait vibrer.

▼ Quand un accident endommage le centre du langage situé dans l'hémisphère gauche du cerveau, il faut réapprendre peu à peu à parler. C'est là qu'intervient l'hémisphère droit.

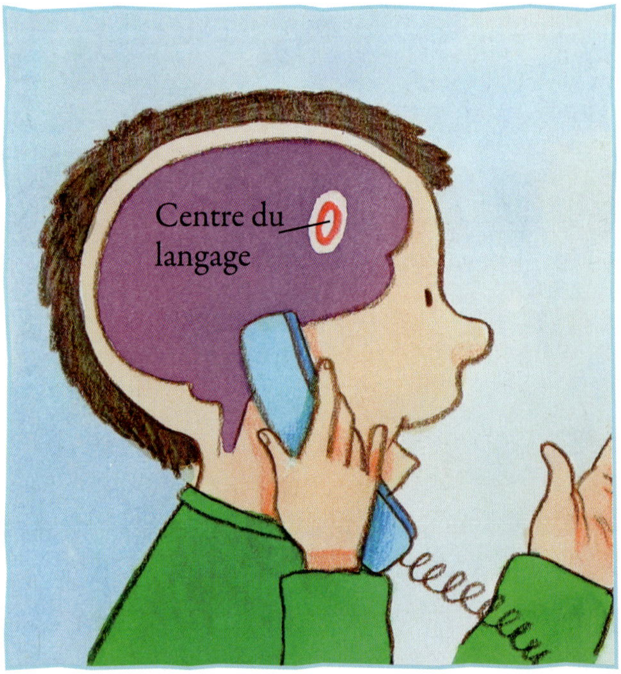

Les dents

L'homme a deux fois des nouvelles dents au cours de sa vie. Les dents de lait poussent à l'âge d'un ou deux ans. Dès l'âge de six ans, cette première dentition sera peu à peu remplacée par la dentition définitive. Celle-ci comprend huit incisives, quatre canines, huit prémolaires et huit molaires. Les quatre dents du fond sont les dents de sagesse. Elles percent beaucoup plus tard, quand elles percent. Sans elles, la dentition permanente ne compte que 28 dents.

▼ Les incisives coupent les aliments, les molaires les écrasent et les déchiquettent.

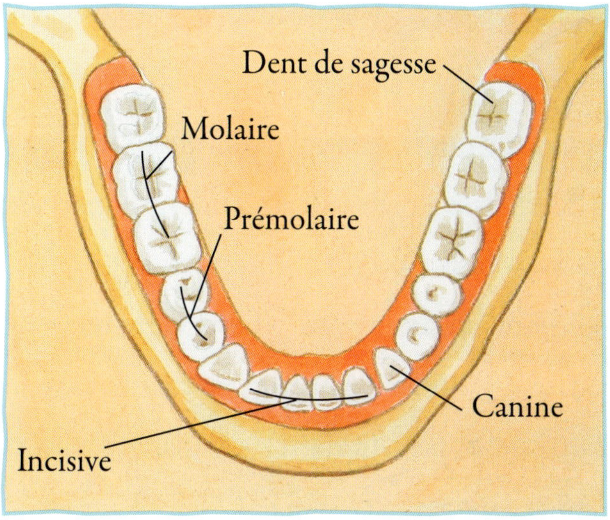

▲ Ici, les dents de lait vont bientôt faire place aux dents définitives. À tout âge, il faut se brosser régulièrement et attentivement les dents, pour éviter que la plaque dentaire composée de restes de nourriture et de bactéries ne se dépose durablement. Les bactéries attaquent l'émail des dents et provoquent des caries – des trous dans les dents.

▼ Il faut aller chez le dentiste deux fois par an pour qu'il recherche d'éventuelles caries. S'il en trouve, il les élimine en creusant l'émail et il rebouche le trou avec un matériau dur.

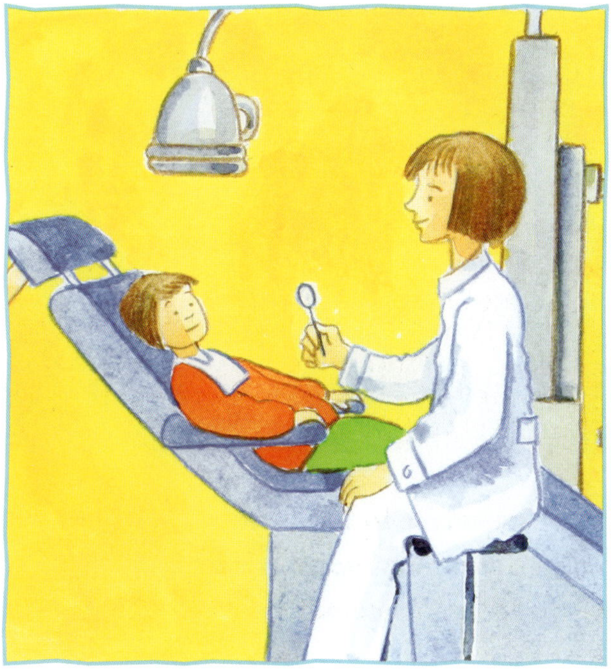

Alimentation et digestion

Lors de la digestion, les aliments sont décomposés et transformés. Ce processus commence dans la bouche, avec la mastication et la salivation. Le suc gastrique, acide, dissout la nourriture. Elle séjourne une à deux heures dans l'estomac avant d'arriver dans l'intestin, où se termine la digestion. Le foie joue un rôle à part : il fabrique la bile, qui aide l'intestin à digérer les graisses. Les nutriments passent dans l'organisme à travers la paroi intestinale.

▼ Vue des organes internes : l'estomac, le foie et l'intestin sont impliqués dans la digestion.

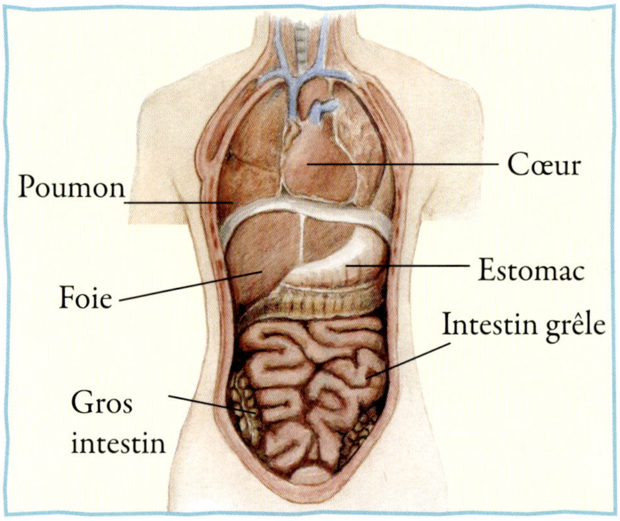

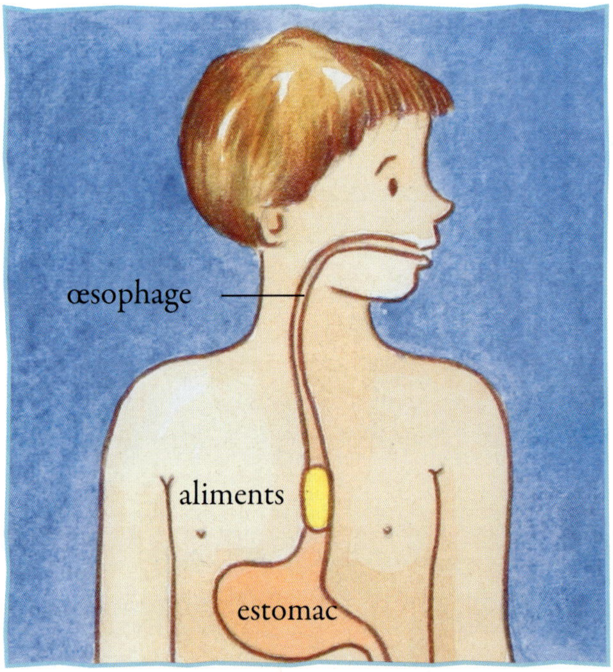

▲ Quand on mange, l'épiglotte ferme la trachée pour éviter qu'on avale de travers. Les aliments descendent dans l'estomac en passant par l'œsophage.

▼ On peut classer les aliments en une sorte de pyramide. Dans le bas, on trouve les aliments de base, riches en hydrates de carbone (glucides). Ils doivent couvrir environ la moitié de nos besoins quotidiens. Les fruits et légumes contiennent beaucoup de vitamines. Quant aux aliments du haut, surtout la viande, il suffit d'en manger de petites quantités.

Être malade et guérir

On peut conserver une bonne santé en adoptant une bonne alimentation et en bougeant beaucoup. Mais il arrive qu'on tombe malade. Personne n'est constamment en bonne santé. Quand on est vraiment malade, on va consulter un docteur. Une opération est parfois nécessaire. Le chirurgien ouvre le corps pour pouvoir accéder à l'organe malade. C'est peut-être triste, mais la mort fait aussi partie de la vie, elle en est la fin.

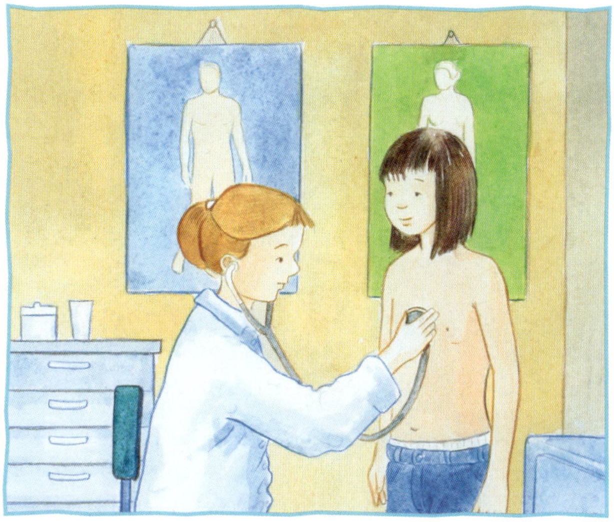

▲ Le docteur t'ausculte et t'interroge. On appelle symptômes les signes d'une maladie.

▼ En salle d'opération, tout doit être très propre, pour éviter la propagation des germes : médecins et infirmières portent donc des masques, des gants et des vêtements stériles.

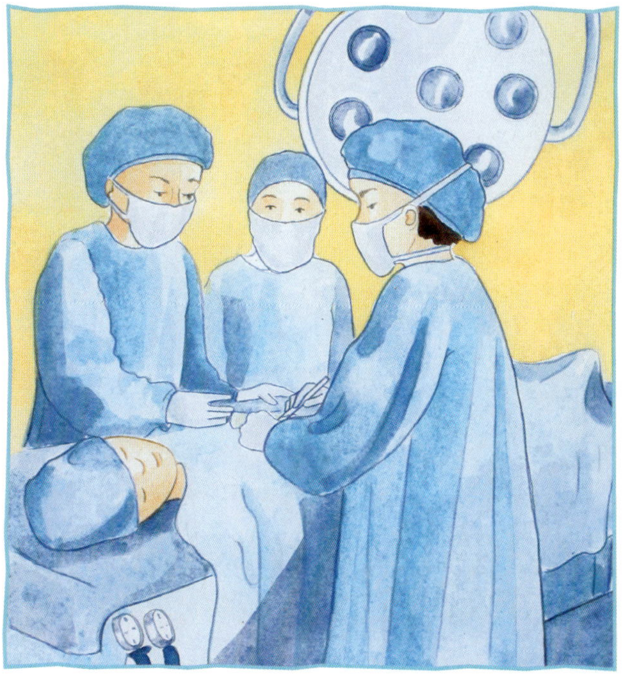

▲ Une bonne hygiène corporelle laisse moins de chances aux microbes. Et c'est si bon de sentir bon !